DISCOURS

PRONONCÉ

PAR MONSEIGNEUR L'ÉVÊQUE DE BEAUVAIS

DISCOURS

PRONONCÉ PAR

Mgr l'EVÊQUE de Beauvais, Noyon et Senlis,

AUX OBSÈQUES

de Son Émin. Monseigneur le Cardinal

THOMAS GOUSSET,

ARCHEVÊQUE DE REIMS,

LE 29 DÉCEMBRE 1866.

REIMS,

P. DUBOIS ET Cᵉ, IMPRIMEURS DE L'ARCHEVÊCHÉ,

Rue Pluche, 24.

—

1867.

DISCOURS

PRONONCÉ PAR

MONSEIGNEUR L'ÉVÊQUE DE BEAUVAIS, NOYON ET SENLIS,

AUX OBSÈQUES

DE SON ÉMINENCE

Monseigneur le Cardinal **THOMAS GOUSSET**,

Archevêque de Reims,

LE 29 DÉCEMBRE 1866.

Bonum certamen certavi, fidem servavi, cursum consummavi ; in reliquo reposita est mihi corona justitiæ, quam reddet mihi justus Judex.

J'ai combattu le bon combat, j'ai gardé la foi, j'ai consommé ma course ; il ne me reste plus qu'à recevoir du juste Juge la couronne de justice (1).

EMINENCE, MESSEIGNEURS (2), MES FRÈRES,

Ces paroles, qu'un éloquent Archevêque (3) empruntait naguère à l'Apôtre saint Paul pour décrire la vie d'un des plus illustres Evêques

---

(1) 2 Tim., iv, 7.

(2) Son Eminence le Cardinal de Bonnechose, Archevêque de Rouen. — Monseigneur Caverot, Evêque de Saint-Dié ; Monseigneur Boudinet, Evêque d'Amiens ; Monseigneur Dours, Evêque de Soissons ; Monseigneur Meignan, Evêque de Châlons.

(3) Monseigneur l'Archevêque de Bourges.

de France (1), je viens, à mon tour, les appli-
quer à l'éminent et vénéré Cardinal dont
nous pleurons la perte. N'est-ce pas, en effet,
l'histoire abrégée de cette existence si noble,
si grande et si simple en même temps ? Il a
combattu le combat de la vérité contre
l'erreur, des saines et sûres doctrines contre
les enseignements pervers ou dangereux, de
la vertu et des saints exemples contre le
vice et l'affaiblissement des mœurs, de la
charité qui donne abondamment, qui donne
sans cesse, contre la misère sans cesse renais-
sante : *bonum certamen certavi*. Sa foi était
vive et profonde, c'était la foi de Rome, la
foi de saint Pierre et de ses successeurs.
Il y tenait du fond de ses entrailles; on lui
aurait plutôt arraché le cœur que de le déta-
cher de ce centre de l'unité, dont il fut un des
plus intrépides défenseurs, un des plus
ardents apôtres, *fidem servavi*. Il a consommé
sa course apostolique en semant la vérité, en
encourageant les écrivains catholiques dévoués aux intérêts de l'Eglise et du Saint-
Siége, en visitant ses ouailles avec la
tendresse d'un bon Pasteur, en convoquant

(1) Monseigneur Parisis, Evêque d'Arras.

et présidant des conciles , en célébrant des synodes, en fondant de grandes œuvres, en édifiant des temples à la Majesté divine , en défendant au Sénat et partout la plus sainte des causes. Sa vie a été pleine ; sa longue carrière (trop courte , hélas ! au gré de nos désirs et de notre respectueuse affection), a été celle d'un grand Evêque : *cursum consummavi*. Que peut-il attendre, aujourd'hui que l'exil d'ici - bas est terminé , aujourd'hui que la véritable Patrie est ouverte devant lui, sinon la couronne promise par Jésus-Christ, le juste Juge , à ses fidèles et vaillants serviteurs : *in reliquo reposita est mihi corona justitiæ*.

Pour célébrer un mérite si élevé , des vertus si belles et des œuvres si épiscopales, il faudrait, Mes Très-Chers Frères, une autre voix que la mienne. Je regrette que votre parole, Eminence, cette parole puissante dans l'assemblée des fidèles, puissante même dans la première assemblée politique de l'Empire, quand il s'agit de défendre les droits de l'Eglise, ne se fasse pas entendre à cette foule attentive et recueillie. Pour moi, peu accoutumé aux solennités de la chaire, familiarisé seulement avec le langage simple et

paternel qui convient aux habitants des campagnes, je sens toute mon insuffisance. Ah !
si pour remplir dignement ma tâche, il ne
fallait que le cœur ; s'il ne fallait que la plus
tendre et la plus respectueuse reconnaissance
envers ce Prince de l'Eglise, qui daigna me
consacrer Evêque dans ma cathédrale, me
diriger par ses conseils, m'entourer d'une
affection que j'oserai appeler privilégiée et
paternelle, je serais certain d'être éloquent et
de répondre à votre attente. Bon et vénéré
Cardinal ! vous me connaissiez depuis long-
temps ; mais vous ne saviez pas encore
combien je vous aimais, quelle joie j'éprou-
vais à jouir de vos entretiens intimes, soit
dans votre palais archiépiscopal de Reims ,
soit dans votre modeste demeure à Paris ;
quelle confiance sans bornes m'inspirait votre
sagesse !.... Désormais vous ne me parlerez
plus, et je me vois condamné à élever la voix
près de votre cercueil, devant cette assemblée
si distinguée et si nombreuse, pour célébrer
vos vertus et les actes de votre glorieux apos-
tolat.... Que Dieu me soit en aide !....

Dans l'impossibilité où je suis de pronon-
cer, en ce jour de deuil, une oraison funèbre
proprement dite , je voudrais du moins

dépeindre à grands traits, en la personne de Son Eminence Monseigneur Gousset, Cardinal-Prêtre de la sainte Eglise romaine, Archevêque de Reims, *le Docteur, l'Evêque et le Père*.

I.

L'Apôtre saint Paul nous déclare dans ses Epîtres qu'il n'y qu'un Esprit Saint, animant et vivifiant les âmes, dirigeant l'Eglise, *unus Spiritus* (1), mais que ses dons sont multiples et divers. *Il a établi les uns Prophètes, les autres Evangélistes, les autres Pasteurs et Docteurs.* A chacun son don spécial, suivant la mission que Dieu lui a donnée.

De bonne heure, Celui qui devait être un jour votre Archevêque parut destiné à briller de l'auréole de la science sacrée. Issu d'une famille simple et modeste, mais honnête et chrétienne, ayant lui-même manié la charrue et cultivé la terre avant de cultiver les âmes, il ne commença qu'assez tard ses études.

______
(1) 1 Cor., xxii.

Ses succès furent rapides ; il se distinguait, au milieu de ses condisciples, par la perspicacité de son intelligence et la sûreté de son jugement. Peu de temps après sa promotion au sacerdoce, il fut chargé d'enseigner la théologie aux élèves du grand séminaire de Besançon. Le jeune professeur était épris de la beauté et de la grandeur de cette science. Et en effet, Mes Frères, n'est-elle pas supérieure à toutes les autres, la science qui nous apprend à connaître Dieu et ses attributs infinis, ses manifestations extérieures par les grands mystères de l'Incarnation du Verbe et de la Rédemption du genre humain, son Église gardienne et interprète infaillible de la vérité, notre fin dernière et les moyens de l'atteindre ? A côté de ce flambeau divin, guide sûr dans le sentier de la vie, solution des grands problèmes de l'existence humaine, toutes les autres lumières pâlissent. La théologie est la science de Dieu ; les autres connaissances sont les sciences de l'homme.

Plein de ces pensées, le jeune professeur communiquait avec amour à ses élèves une science qui faisait ses délices ; son affabilité et sa condescendance en aplanissaient les difficultés. On écoutait avec respect le maître, et on chérissait l'ami qui se faisait presque l'égal de ses disciples. Nous avons vu à Rome un Evêque missionnaire, un apôtre des Indes qui bénissait l'époque où il avait recueilli de la bouche de Monseigneur Gousset les graves leçons de la théologie.

Cependant, le laborieux ministère de l'enseignement eut bientôt épuisé ses forces. Il fut condamné au repos et au silence. C'est alors (nous tenons ce détail de Son Eminence elle-même) que, dans le secret de son cœur, il fit au Seigneur un double vœu, celui de propager la doctrine de l'Immaculée Conception de la Très-Sainte Vierge , celui de défendre et d'exalter les prérogatives du Saint-Siége apostolique. Vous savez , Mes Frères, comment il a accompli ces deux promesses. Vous vous souvenez de ses paroles, vous avez lu ses éloquents Mandements, vous avez vu ses actes...

Une autre pensée préoccupait l'intelligence du docte théologien. L'enseignement de la morale, dans certains séminaires, lui semblait trop empreint de ce rigorisme étroit que le jansénisme avait légué à la France. Adoucir la voie du salut sans l'élargir outre mesure, faciliter la réception des sacrements si nécessaires à la vie de l'âme, y attirer les fidèles, telle fut l'une des missions qu'il se donna. Son but fut atteint ; et aujourd'hui, grâce à ses efforts, la théologie morale de saint Alphonse de Liguori, goûtée et approuvée à Rome, prévaut dans l'enseignement des séminaires de notre France.

L'élévation de Monseigneur Gousset à la dignité épiscopale n'interrompit ni ses graves études, ni ses utiles publications. Au contraire, placé plus haut, il put propager la doctrine sainte avec une autorité plus imposante. De sa plume sont sortis des écrits lumineux dont la diffusion a été prodigieuse. Nous citerons, entre un grand nombre d'autres, son *Traité de Théologie dogmatique* à l'usage des gens du monde, et son *Traité de Théologie morale*, actuellement dans les mains de tous les Prêtres français. Ces deux monuments resteront pour attester la vaste érudition et le savoir profond de votre éminent Archevêque. Comment suffisait-il à de tels labeurs ? Comment pouvait-il les concilier avec les fonctions et les innombrables détails de la vie épiscopale ? C'est le secret de cette existence si laborieuse, si pleine, si économe d'un temps précieux. Jamais il ne paraissait pressé, et toujours son intelligence enfantait de nouveaux écrits que le public religieux accueillait avec empressement et faveur.

Mais c'est surtout dans les Conciles que se révélaient l'étendue et la solidité de la science de notre illustre Métropolitain. O doux et précieux souvenir que celui de nos trois Conciles de Soissons, d'Amiens et de Reims ! quelle union entre les Evêques ! quelle déférence respectueuse, mais libre, dans la manifestation des opinions, de la part des théologiens rangés autour des Evêques ! quel dévouement à l'Eglise et à son auguste Chef ! quelle abondance de doctrine, surtout en Celui qui présidait noblement ces saintes assemblées ! Il était vraiment beau au milieu de ses Frères. Au sein d'un Concile, il semblait être dans son élément. On aurait dit un Père de l'Eglise, un Evêque des jours anciens. Son impartialité laissait à chacun la faculté d'émettre son jugement sur les diverses questions proposées, et souvent nous l'avons entendu remercier ceux qui soutenaient un avis contraire au sien : sa grande passion fut toujours et uniquement la passion de la vérité.

Hélas ! Nos Très-Chers Frères, presque tous les Evêques qui ont participé à ces divers Conciles ont déjà terminé leur carrière. Monseigneur de Prilly , Evêque de Châlons , est mort ; Monseigneur de Garsignies, Evêque de Soissons et Laon , est mort ; Monseigneur de Salinis, Evêque d'Amiens , est mort; Monseigneur Gerbet , Evêque de Perpignan, est mort ; Monseigneur Bara, Evêque de Châlons, est mort; l'éminent Cardinal de Reims, l'âme et comme l'oracle de ces solennelles assemblées , vient aussi de mourir ! Je reste seul, avec mon vénéré collègue d'Amiens, qui a participé au dernier de nos Conciles, jusqu'à ce qu'il plaise à Dieu de me réunir à mes Frères.

Ce qui rendait si sûre la doctrine de Son Eminence le Cardinal de Reims, c'était son véritable et profond attachement à la Chaire de Pierre, sa tendance incessante et très-marquée vers ce centre d'autorité et de vérité. Quand on marche avec celui que Dieu a établi le guide de ses frères, pourrait-on se tromper de voie ? Quand on conforme ses pensées et sa conduite aux décisions de l'Eglise mère et maîtresse de toutes les autres, serait-on exposé à se tromper? Non, Mes Très-Chers Frères ; et voilà pourquoi il est absolument nécessaire qu'elle soit souverainement libre et souverainement indépendante de toute pression, de toute entrave, de toute influence humaine, cette autorité doctrinale chargée , par Dieu lui-même, d'enseigner l'univers , d'interpréter, avec l'assistance d'en haut, les saintes Ecritures et la Tradition, de fixer les règles des mœurs et de la discipline. O sainte Eglise romaine ! Vous perdez aujourd'hui un de vos plus vaillants défenseurs ; mais quand les hommes tombent, Dieu vous reste, et il a promis *d'être avec vous jusqu'à la consommation des siècles* (1).

II.

Nous avons un instant considéré le Docteur , maintenant envisageons sous un autre aspect notre illustre Cardinal, et contemplons l'Evêque.

Appelé par Son Eminence le Cardinal de

(1) Matth., xxviii, 20.

Rohan, Archevêque de Besançon, aux fonctions de Grand-Vicaire, Monseigneur Gousset avait fait, à bonne école, l'apprentissage de l'Episcopat. Sa modestie n'ambitionnait pas les dignités ecclésiastiques ; mais son courage et son dévouement à l'Eglise ne lui permirent pas de les refuser quand elles vinrent s'offrir comme d'elles-mêmes.

En 1835 , il devint Evêque de Périgueux. Ses actes dans ce diocèse nous sont peu connus ; mais à l'accueil empressé des populations du Périgord dans une visite qu'il fit à son zélé successeur (1), au témoignage que lui rendait en toutes circonstances ce Prélat, digne appréciateur du mérite, nous pouvons juger que la présence de Monseigneur Gousset, durant quatre années, sur le siége de Saint Front, fut pour les âmes et pour cette église un véritable bienfait. Il y avait trouvé des divisions regrettables, il y laissa la paix ; il y avait trouvé la discipline ecclésiastique affaiblie, il la laissa restaurée et florissante. Il fit construire le petit séminaire de Bergerac, il dirigea les constructions

(1) Monseigneur George Massonnais, décédé Evêque de Périgueux.

du grand séminaire et transféra cet établissement de Sarlat à Périgueux. Vigilance attentive sur les études ecclésiastiques, paroisses visitées, bonnes œuvres encouragées, Clergé édifié et réuni dans les Retraites pastorales, tels avaient été les principaux actes du ministère de Monseigneur Gousset, lorsque la Providence l'appela à occuper le siége de Saint Remi, vacant par la mort de Monseigneur de Latil, qui, vingt-trois ans auparavant, l'avait ordonné Prêtre.

En 1840, Monseigneur Gousset prit possession de ce siége de Reims, illustre à tant de titres dans les annales de l'Eglise. Il y était précédé par une réputation de science, de sagesse, de bonté qu'il a largement justifiée durant un ministère de vingt-six années.

Ce ne serait pas à moi, ce serait à vous, Prêtres et Fidèles, de raconter les grandes œuvres et les vertus de cet épiscopat.

Vous diriez qu'avec ce zèle intelligent et mesuré qui ne blessait jamais personne et arrivait toujours au but, votre Archevêque bien-aimé a multiplié les importantes fondations. Vous citeriez la reconstruction du petit séminaire de Reims, — la restauration et l'agrandissement des bâtiments du grand séminaire et du petit séminaire de Charleville, — la création du collége de Notre-Dame de Rethel, — l'édification de la belle église de Saint-Thomas, bâtie de ses deniers, où il a voulu que ses restes mortels fussent déposés, — la restauration splendide de la chapelle absidale de l'Église métropolitaine, qui va posséder tout-à-l'heure le dépôt précieux de son cœur. Vous parleriez de cette superbe bibliothèque de seize mille volumes, composée des livres que l'illustre Cardinal possédait en propre, et de ceux qu'il n'a cessé de se procurer avec le discernement d'un connaisseur et la magnificence d'un prince.

Vénérables membres du Chapitre et de l'Eglise métropolitaine, et vous, Prêtres pieux et distingués du diocèse, vous vous rappelleriez les efforts de Son Eminence pour le retour à la Liturgie romaine : mesure salutaire, et qui a donné l'impulsion à un si grand nombre de diocèses ; vous nous raconteriez l'histoire des nombreux Synodes qu'il a célébrés et d'où sont sortis des Statuts importants pour la discipline, des règles on ne peut plus sages pour les mœurs.

Peuples des villes et des campagnes, ce

serait à vous de redire le zèle et l'inépuisable
bonté de l'éminent Cardinal dans ses nombreuses visites pastorales. Elles ont laissé
dans toutes les paroisses d'impérissables
souvenirs. Habitants de Vouziers et de Voncq,
comme vous seriez éloquents en nous racon-
tant l'apostolique charité de votre digne Archevêque, à l'époque d'une terrible épidémie !
Il arrive comme un ange consolateur, il visite
toutes les maisons où sévissait le fléau, il en-
courage chacun des malades, il répand partout
d'abondantes aumônes, il ranime et fortifie
le moral d'une population désolée. Dieu bénit
son zèle ; bientôt le fléau cesse ses ravages,
et le nom du bon Archevêque est béni.

Autorités distinguées et bienveillantes de
deux départements, vous ajouteriez à tous
ces éloges l'histoire de ces relations, pleines
de courtoisie et de modération, qu'il n'a cessé
d'entretenir avec le pouvoir civil. En Son
Eminence, il n'y avait rien d'agressif, rien de
dur ni d'absolu dans les formes. Inébranlable
sous le rapport des principes, le Cardinal
savait soutenir les droits de l'Eglise et de
son propre Siége avec une mesure parfaite.
Il était persuadé que la Religion ne peut que
gagner à la bonne harmonie des deux auto-

rités, toutes les fois qu'elle peut être heureusement maintenue.

Le mérite hors ligne de votre grand Archevêque, Mes Très-Chers Frères, devait recevoir, même ici-bas, une éclatante récompense. Dans le Consistoire du 30 Septembre 1850, il fut créé Cardinal. Il s'en réjouit, je le sais, car il n'ignorait pas que le Souverain-Pontife lui-même avait exprimé au Chef de l'Etat le désir que l'Archevêque de Reims lui fût présenté. De plus, il voyait dans le Cardinalat un lien encore plus étroit avec le Saint-Siége et le moyen d'opérer un plus grand bien. Vous aussi, Mes Frères, vous étiez fiers de cette haute distinction, la plus grande qui soit dans l'Eglise après le suprême Pontificat. Nous n'oublierons jamais cette journée du 6 Novembre 1850, où, revêtu de la pourpre romaine, il fit son entrée solennelle dans l'antique cité de Reims, aux applaudissements de tout un peuple. L'allégresse était universelle ; tous les cœurs étaient dilatés. Et aujourd'hui, hélas ! ils sont tous resserrés par la tristesse. On pleure la mort d'un Prince de l'Eglise, la mort d'un grand Archevêque, la mort d'un Père,... et c'est le dernier trait qui me reste à vous présenter rapidement.

III.

Avant de parler du cœur de votre Archevêque, Mes Très-Chers Frères, je devrais peut-être décrire son noble caractère. Mais à quoi cela servirait-il ? Ne connaissiez-vous pas cette nature franche, loyale, simple et grande tout à la fois ? Son extérieur un peu inculte était tel qu'on n'en aurait pas désiré un autre en la personne de Son Éminence ; son abord était facile, ses manières dignes, sans aucun apprêt ; son hospitalité simple, mais cordiale, et quand il le fallait, elle était en rapport avec sa dignité. Il avait des amis, et il devait en avoir ; et s'il rencontra des adversaires, jamais il n'eut d'ennemis : c'était impossible. Dans les cérémonies saintes, on admirait la majesté du Pontife ; et dans les rapports familiers, on se sentait à l'aise avec un Prélat si bon : car en lui la science du Docteur et la dignité de l'Archevêque étaient accompagnées d'une bonté exquise, d'une affabilité , d'une simplicité vraiment admirables. Fidèle copie de notre bien-aimé Pie IX, dont il était un des grands admirateurs, toujours il se montrait calme, accessible, même au milieu de ses travaux les plus sérieux ; serein, même aux époques de bouleversement et de révolution. La bienveillance faisait le fond de son caractère. Nous l'avons dit, et nous le répétons bien haut, le Cardinal était un Père.

Vous le fûtes pour moi, ô vénéré Pontife, qu'il me soit permis de le redire. Promu à la dignité épiscopale par votre suffrage, consacré par vos mains (1), vous vouliez bien me considérer comme l'enfant de votre cœur. Avec quelle bonté vous m'accueilliez ! Comme vous encouragiez ma faiblesse ! Ah ! soyez mille fois béni de tout le bien que vous m'avez fait !...

Il fut Père pour son Clergé. — Répondez ici, Prêtres respectables qui entourez cette chaire. N'est-il pas vrai qu'il y avait dans ce grand cœur un trésor de bonté, d'indulgence et de paternité ? Il aimait son Clergé et son Clergé l'aimait ; c'était une famille !...

(1) Le 29 Mars 1842

Il fut Père pour *ses chers ouvriers*, comme il les appelait. Leurs intérêts le touchaient profondément ; il allait les visiter dans leurs usines ; il autorisait de leur part une respectueuse familiarité ; il leur venait puissamment en aide par ses largesses dans les crises commerciales, et quand le prix élevé des denrées alimentaires pesait lourdement sur la classe ouvrière. Pour elle principalement il a fait construire l'Eglise de Saint-Thomas ; pour elle il était prêt à tous les sacrifices. Vous étiez, mes amis, je le répète, *ses chers ouvriers*.

Il fut Père pour les nombreuses Congrégations religieuses de son diocèse. Il voyait en elles des âmes d'élite, vouées au service de Dieu et du prochain ; des auxiliaires précieux de son saint ministère ; et en toutes circonstances, il leur prodiguait les marques de sa paternelle bienveillance.

Il fut Père pour vous, petits enfants, espérance de l'avenir. Sa main vénérable s'étendait sur vos jeunes têtes, et il vous bénissait. Vous veniez, avec une hardiesse enfantine, vous placer sur son passage , avides d'un regard, d'un sourire et d'une de ses bénédictions. Sa dignité ne vous arrêtait pas, vous sentiez que vous aviez le droit d'être importuns : car vous approchiez d'un Père.

Il fut Père surtout pour vous , pauvres de Jésus-Christ ! Qui pourra dire le chiffre de ses aumônes ? Au jour de son sacre, une question lui avait été adressée : *Vis pauperibus et peregrinis, omnibusque indigentibus esse, propter nomen Domini, affabilis et misericors* (1) ? Voulez-vous être, à l'égard des pauvres, des voyageurs et de tous les indigents , pour le nom du Seigneur, affable et miséricordieux ? Il avait répondu : *Volo*, je le veux ; et toute sa vie fut l'accomplissement fidèle de cette solennelle promesse. Il donnait, il donnait encore, il donnait toujours. Simple dans sa table et dans le train de sa maison, ennemi du luxe et de toute somptuosité, il économisait pour les pauvres ; son bonheur consistait à soulager leur indigence. Aussi patronait-il avec ardeur l'œuvre si belle de Saint-Vincent-de-Paul, et les autres œuvres charitables de son vaste diocèse. Tous ces actes de charité l'ont précédé dans le Ciel, ils forment autant de fleurons de la couronne qui lui est réservée : car vous le savez, Mes

______
(1) Pontif.

Frères, *tout ce qu'on fait pour les pauvres, on le fait pour Dieu, et c'est prêter son argent à gros intérêt que de le déposer dans le sein des pauvres* (1).

Voilà la faible esquisse de cette existence si remplie, si noble, si grande. Nous y voyons briller la piété avec l'indulgence, la science avec la modestie, la simplicité avec la grandeur, la force avec la modération et la douceur, le zèle apostolique avec la prudence, un dévouement profond au Saint-Siége, une tendre dévotion envers la Très-Sainte Vierge, une bonté parfaite et une charité inépuisable. Quelle vie, Nos Très-Chers Frères, et quels exemples !!!

Hélas ! Et tout cela n'existe plus que dans nos souvenirs !.... Notre illustre Cardinal avait reçu, avec sa bienveillance accoutumée, vos vœux empressés de bonne fête ; il était souriant, gai, rayonnant en quelque sorte ; et la mort était là ! Il a suffi de quelques heures de maladie pour abattre et terrasser cette constitution vigoureuse, destinée encore, ce semble, à une longue vieillesse.

Heureusement il était prêt ; et, Nos Très-

______

(1) Prov. xix, 17

Chers Frères, il faut l'être toujours : *car nul ne connaît le jour, ni l'heure* (1) !

Aussitôt que la nouvelle de cette mort, si peu attendue, s'est répandue dans la cité et dans le diocèse, le deuil a été universel. Quel concours auprès de ses restes mortels ! que de larmes ! que de prières ! quel empressement à faire toucher à son corps inanimé des objets qui seront conservés avec un religieux respect ! Soyez bénis, habitants de Reims, pour cette manifestation de votre piété filiale ! Votre digne Pasteur n'avait point affaire à des ingrats. Vous l'avez bien prouvé pendant ces tristes jours, et cet immense et religieux concours aux obsèques de votre Archevêque bien-aimé, est une démonstration éclatante de votre reconnaissance. Mais, hélas ! ce triomphe dans la mort ne saurait rendre le Père à sa famille. Il n'est plus !

Elle est donc éteinte, cette grande lumière de l'Eglise de France ; elle est muette, cette bouche d'où découlaient une doctrine pure et une parole toujours paternelle ; elles sont glacées, ces mains qui ne s'étendaient que pour bénir, qui ne s'ouvraient que pour donner ;

(1) Matth., xvii, 13.

il est froid, ce cœur si bon, si large, si paternel ! L'Empereur perd aujourd'hui un de ses
sujets les plus dévoués ; le Sénat, un de ses
membres les plus éclairés et les plus vénérables ; la ville de Reims, son meilleur citoyen
et son bienfaiteur insigne. Nous, Évêques,
nous perdons un modèle ; vous, Fonctionnaires éminents, vous perdez un ami ; vous,
Prêtres et Fidèles, vous perdez un tendre
Père. Inclinons-nous sous la main de Dieu,
adorons ses décrets et répétons ces paroles
que les lèvres de notre vénéré Cardinal
articulèrent si souvent : *Pater, fiat voluntas
tua !* O ! Père, que votre volonté soit faite !
Toutefois, que ses exemples et ses enseignements nous restent. Si nous voulons retrouver dans les Cieux Celui que nous aimions
et vénérions sur cette terre, marchons sur
ses traces et prenons avec un saint courage
le chemin qui conduit à la bienheureuse
patrie.

Nous avons encore un autre devoir à
remplir ; il faut prier, *oportet orare*. Il faut
prier pour notre éminent et vénéré défunt. Sa
foi a été vive, sa vie sainte, ses œuvres ont
été grandes ; mais qui est parfaitement pur

devant Dieu ? qui est à ses yeux exempt de toute tache ?

O Jésus, vous qui avez fait dire par l'un de vos Prophètes que *ceux qui auront instruit les autres dans la justice, brilleront comme des étoiles dans l'éternité* (1) ; Vous qui avez dit vous-même : *Celui qui aura fait et enseigné, sera grand dans le royaume des cieux* (2) ; Vous qui avez fait entendre cette promesse consolante : *J'ai eu faim, et vous m'avez donné à manger ; j'ai eu soif, et vous m'avez donné à boire ; j'ai été nu, et vous m'avez revêtu, venez, les bénis de mon Père, posséder le royaume qui vous a été préparé* (3) ; regardez, dans votre infinie miséricorde, l'âme de votre fidèle serviteur ; donnez-lui, nous vous en conjurons, le repos éternel.

Pie Jesu Domine, dona ei requiem sempiternam. Amen.

(1) Dan., xii, 3.
(2) Matt., v, 19.
(3) Matt., xxv, 35.

Reims. — Imprimerie de P. DUBOIS et Ce, rue Pluche, 24.

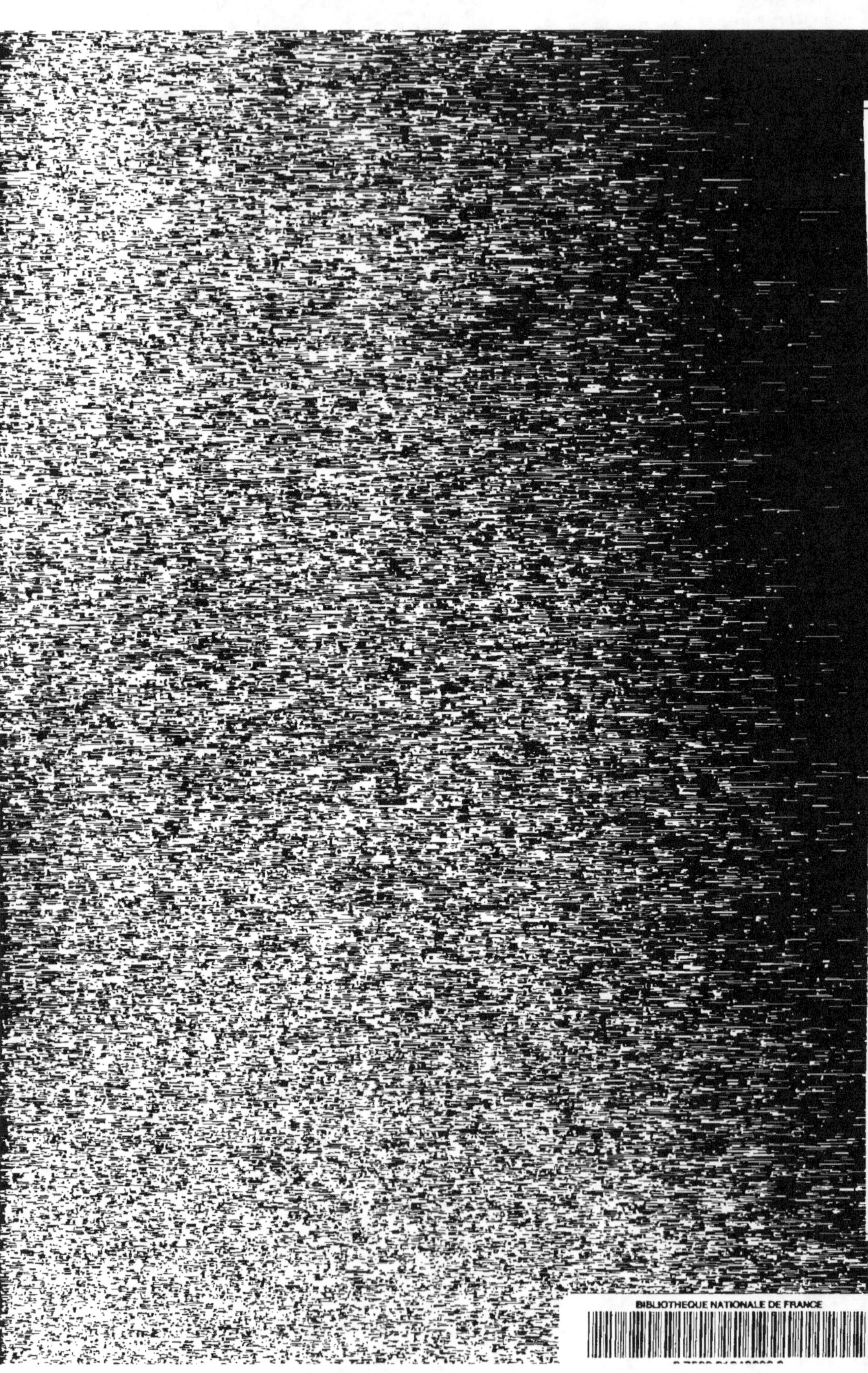